AF309485

Cet ouvrage, cité par les continuateurs du P. Lelong, et par Barbier, qui le décrit sous le nº 19308 de son Dictionnaire, est d'une si grande rareté, que cet exemplaire est le seul et unique que je connaisse, bien que je l'aie cherché, à plusieurs époques, dans toutes les bibliothèques publiques de Paris, dans celles de Bordeaux, de Lyon, d'Aix, de Marseille, de Toulouse, &, &. (Voir à ce sujet mon Catalogue historique du Périgord .)

C'est à Paris, le 2 mai 1856, que j'ai eu la satisfaction de trouver ce curieux et rarissime volume qui m'a été vendu par le libraire Guillemot. D'après L'Année littéraire de Fréron, il a été imprimé en 1762 ; et, suivant Barbier, l'auteur se nommait Courtois, procureur au parlement de Paris.

E.— Leymarie

VOYAGE
DE M***
EN PERIGORD.

Ce début vous annonce que je n'étois
pas fort triste lorsque je quittai cette Ville où les hommes, esclaves des femmes,
s'obligent & se dupent par intérêt ; où la
franchise & la candeur de nos Provinces
se corrompent souvent : j'étois au contrai-
re charmé de la quitter, & je fis de bon
cœur cet adieu en montant dans le Car-
rosse de Mde la Comtesse De.....

Qui dévote, mais respectable,
Fait le signe que craint le Diable,
Et nous fait réciter d'abord
De la Vierge les Litanies :
Je ne dirai pas qu'elle eut tort :
On doit toujours louer les œuvres pies.

A

Avec ce passeport nous partîmes vers les quatre heures , & nous arrivâmes avant la nuit à Arpajon : M. B.... avoit une douleur aux épaules qui n'ôtoit pas sa gayeté : nous dansâmes à la voix , & Mlle.... qui , sortant du Couvent , avoit déja tout l'esprit de la bonne societé , prit très-bien ce petit amusement que l'amitié de Mde la Comtesse lui procuroit ; nous dormîmes fort peu , car :

> Notre bruyante Hôtellerie
> Où je crois que l'Enfer gîtoit ,
> De Carrosses étoit remplie :
> L'un arrivoit , l'autre partoit ,
> Et nul d'entre nous ne dormoit.

A quatre heures on crut nous éveiller ; nous nous levâmes. Ces Dames ne furent pas les dernieres emballées ; elles attendirent M. B.... qui , enfin , monta dans la Chaise , & nous partîmes à cinq heures du matin , ce qui n'étoit pas fort agréable pour elles.

La longue Ville d'Etampes , ne nous offrit rien de remarquable , que l'ennui de la traverser. Nous arrivâmes à Toury à la chute du jour , toujours riant & chantant.

> Nous eûmes là du mauvais pain ;
> Nous y bûmes du mauvais vin ,
> Et nous fimes mauvaise chere :
> A Toury , c'est chose ordinaire.

(3)

Le lendemain au jour , nous étions
déja loin de ce Bourg ; nous traverfâmes
la forêt d'Orleans , dont le nom feul ef-
frayoit Mlle..... elle s'efforçoit de veiller
malgré le befoin qu'elle avoit de dormir ,
je lui fis là-deffus ce petit couplet.

Dormez , aimable Celimene ,
   Sans gêne ,
Dormez , dormez , dormez :
Quand vos beaux yeux vous rouvrirez ,
Une clarté nouvelle & pure ,
Brillera dans notre voiture ,
   J'en jure ,
Dormez , dormez , dormez.

A peine avois-je fini ce couplet que dix-
huit pendus & rompus s'offrirent aux regards de ces Dames ; elles détournerent
bientôt les yeux de cet affreux fpectacle qui
me fournit le fujet de ces vers.

Monftres par le crime amenés
Au coin de ce bois folitaire ;
Que vous paroiffez bafanés !
Je juge , en vous voyant à ce point conf-
   ternés ,
Que vous ne vous y plaifez guerre ,
Ou que vos corps font étuits de damnés.

Nous dinâmes à Orleans où nous ne
trouvâmes rien de merveilleux , pas même
le pont où la Pucelle manque. Ces Dames

admirerent les beaux environs de cette
Ville & des rivages de la Loire ; je comptois leur faire voir avant fouper Louis
XI, difant fes patenôtres dans Notre-Da-
me de Clery ; mais nous allâmes fouper à
S. Laurent des Eaux. M. B .... fouffroit
beaucoup de fon rhumatifme ; là ,

> Sur fes épaules peu charnues ,
> Je porte deux mains peu menues ;
> Serrant le plancher du talon ,
> J'écorche , nouvel Apollon ,
> Marfias qui jure & qui crie
> Comme un Tigre dans fa furie.

Le quatriéme jour nous arrivâmes de
bonne heure à la levée ; nous admirâmes
le Château de Mefnard & celui qui lui eft
oppofé. La Ville de Blois vint enfuite frap-
per agréablement notre vûe ; elle eft en
emphitéâtre expofée au midi & pleine
d'édifices admirables qui , tous couverts
d'ardoifes , s'élevent les uns fur les autres
& font un très-bel effet ; nous y dinâmes ,
& fûmes fouper à Ecure , vis-à-vis le Château de Chaumont , dans une affez mau-
vaife auberge ; notre féjour n'y fut pas long.

A i r : *Au gué lan la.*

Aux rives de la Loire ,
Sur ce rempart
D'agréable mémoire ,

D'un air gaillard,
Au tems où le Cocq chante on part,
Vîte comme un dard,
Et sans nul égard,
Bravant de la nuit noire
L'affreux regard.

Je faisois ce couplet pendant que deux des nôtres dormoient ; le jour les ayant éveillés nous le chantâmes & jouâmes ensuite jusques à Tours, au jeu du Corbillon & à d'autres semblables qui ne sont pas d'un petit secours lorsqu'il s'agit de tromper le tems & le chemin : Le prix d'un gage donné par Mlle .... fut une chanson qu'elle chanta avec toutes les graces possibles, & que voici :

Mon cœur soupire
Pour le Berger le plus charmant ;
Je l'aime & n'ose le lui dire :
Amour qui cause mon tourment,
Fais lui sentir ce qu'il m'inspire ;
Dis-lui que pour lui seulement,
Mon cœur soupire.

Après le dîner nous partîmes pour Montbazon : Mlle .... eut la complaisance de répéter ce couplet charmant ; j'en retins l'air & les paroles, & chantai sur le champ ceci sur le même air.

Dieu qui me blesse,
Toi dont je sens le trait vainqueur,

Amour, dis-moi par quelle adreſſe
A l'objet que chérit mon cœur
Je puis découvrir ma tendreſſe ;
Fais-le dans cet inſtant flatteur ,
Dieu qui me bleſſe.

Arrivés à Montbazon , nous allâmes
nous promener dans la prairie ; ce lieu nous
parut être le ſejour de l'amour & des plaiſirs ; l'air qu'on y reſpire , les objets qui y
frappent la vûe , l'ombre des peupliers &
des ſaules, la lenteur de l'onde & le ſilence
qui regne dans ce valon , tout invite à la
volupté , il ſemble même que les oiſeaux
n'oſent pas y troubler le plaiſir des Amours.

Air : *Que l'objet qui m'engage.*

Que dans cette prairie ,
Enchantés du loiſir ,
Sur la rive fleurie ,
Nous eûmes de plaiſir !
Mais le Tems de ſon aile ,
Doubla le mouvement.
Dans ſa courſe éternelle
Qu'il va rapidement !

Nous déſirions que ce jour fût ſembla-
ble à la nuit qui n'ennuya pas Alcméne ;
mais il finit, & l'abſence du Soleil nous ra-
pella à l'auberge où nous attendoit un mauvais ſouper & de mauvais lits ; le lendemain nous dinâmes à la Selle. Voici le prix
d'un gage que j'avois donné qu'il fallut fai-

re & chanter fur le champ dans la voiture.

Air : *Ne vlà-t-il pas que j'aime.*

Le Dieu de la treille & l'Amour
Sont tous deux fort aimables :
De chacun fuivons tour-à-tour ,
Les leçons agréables.

Mde la Comteffe m'ordonna pour un
autre gage de faire un compliment en
chanfon à une des Dames ; je le lui adref-
fai en ces mots :

Air : *Faites dodo.*

Vous avez tout ,
Efprit & Graces ,
Talens & gout ,
Vous avez tout ,
Les plaifirs volent fur vos traces ,
Et de tout vous venez a bout.
Vous avez tout ,
Efprit & Graces ,
Talens & gout ,
Vous avez tout.

Nous arrivâmes à Chatellerault fans
nous être apperçus que le tems & le chemin étoient difparus ; je fis des vifites , &
ces Dames des amplettes ; M. B.... leur
tint compagnie. Il nous fut impoffible de
fouper feuls.

De cinq friponnes entourés ,

Cent fottifes nous entendîmes ,
Et tous nous nous en divertîmes.
Cette belle aux yeux tonfurés ,
Difoit l'une à l'autre femelle ,
Il n'eft de marchands que pour elle ;
Tais-toi , difoit l'autre a fon tour ,
Avec tes yeux de bis-ayeule ;
A ta face à couleur de meule ,
Ma main pourroit faire fa cour :
Touche donc , répond la premiere.
Que je touche ? Moi , fur cela ,
A l'inftant je mets le hola
En chaffant chaque harengere.

La difpute de ces femmes ou la maniere dont je les avois congédiées , fem-
bloit avoir donné plus de gayeté à la
compagnie : La foirée fut la plus agréable
du monde ; chacun fignaloit fa bonne hu-
meur. Mlle . . . . . me dicta une petite chanfon fort jolie ; nous répétâmes celles dont
j'ai déja parlé , & nous nous couchâmes
fort tard : La nuit fut bientôt éclipfée &
plutôt encore pour ces Dames que pour
nous , car une porte agitée par le vent &
qui donnoit dans leur chambre , les avoit
fort effrayées. Mais je me trompe quand
je dis qu'elles eurent bientôt paffé la nuit ;
elle dût être plus longue pour elles , puif-
qu'elles s'ennuyerent , & que nous dormîmes. Enfin nous partîmes , & pendant que
deux de nos compagnons ronfloient Mlle.
me pria de faire une chanfon fur un air

qu'elle chanta & que j'ignorois : La voici :

'Air : *du Ménuet d'Argenteuil.*

Sçavez-vous , belle Celimene ,
Pourquoi l'Amour porte un bandeau ;
Il veut nous bleffer tous fans gêne ;
Il met tout au même niveau :
Il n'eft perfonne qu'il ne mene
A la lueur de fon flambeau.

C'eft ce flambeau qui nous éclaire
Et nous conduit vers le bonheur :
L'Amour donne le goût de plaire ;
Lui feul rend un amant vainqueur ,
Et la conquête eft le falaire
Du feu qu'il nous mit dans le cœur.

Les rangs ne font qu'une chimére
Qui n'embarraffe point les Dieux ;
On les vit fouvent pour la terre ,
Quitter l'heureux féjour des Cieux ;
C'eft penfer comme le vulgaire
Que de ne pas faire comme eux.

Imitez l'Amour , Célimene ;
Voilez d'un bandeau vos beaux yeux ;
Aimez , aimez fa douce chaîne ;
Vos jours feront plus radieux ;
C'eft un crime d'être inhumaine ;
En eft-ce un d'imiter les Dieux ?

Nous finiffions de chanter ce dernier couplet l'orfqu'une multitude de clochers, vint fraper nos regards , il y en a beaucoup dans cette Province ; & il n'eft point de maifon qui ne foit de quelque Paroiffe.

A. v.

Arrivés à Poitiers , je comptois faire voir
à Mlle…. les promenades de l'Intendan-
ce; mais le plaisir qui me tenoit près d'elle
m'enleva cette pensée. Nous partîmes sans
avoir rien vu au grand regret de Mde la
Comtesse ; elle désiroit voir une porte qui
étoit fort loin, & le tems fuyoit à tire d'aî-
le, ce qui me donna lieu de lui parler ainsi.

> O ! vous donc les premiers ayeux
> Ont illustré nos premiers âges ;
> Comtesse , objet de nos hommages ;
> Vous eussiez voulu que vos yeux
> Vissent de près , la porte antique
> Qu'en douze cent Achar bâtit
> A cette Ville , encor gotique ,
> Qu'avec vigueur il défendit ;
> Mais l'heure s'écoule & nous presse ;
> Partons , admirable Comtesse ;
> Une autre fois vous la verrez ,
> Et vous pleurerez de tendresse
> Pour l'Auteur que vous révérez.

A peine eûs-je fini que nous vîmes déja
loin de nous cette grande Ville, qui semble être en miniature le tableau du peu
de richesse de la Province. Nous reprîmes
nos petits jeux, & pour racheter un gage
il me fallut encore faire un impromptu que
j'adressai à celle qui l'ordonnoit.

Air : *Des folies d'Espagne.*

L'âge de plaire & de regner, Thémire ;
Est l'âge heureux qu'à present vous avez ;

L'Amour lui même oſera vous le dire,
Si dans mes yeux aujourd'hui vous liſez.

Mde la Comteſſe fut incommodée ce jour-là, ce qui nous fit perdre un peu de notre bonne humeur ; elle s'en apperçut ; le lendemain elle tâcha de nous ranimer, nous ſentîmes tout le prix de ſon attention, & paroiſſant faire ce qu'elle déſiroit, nous jouâmes en apparence & nous ſouffrîmes en effet avec elle. Arrivés à Ruffec, je donnai mes ordres pour le ſouper, & en remontant dans la chambre où elle étoit couchée, je fis ces deux couplets que Mlle. me permit de lui réciter.

Air : Eh bien !

Je voudrois , j'en jure ma foi,
De votre cœur être le Roi ,
Et l'être auſſi de France ,
    Eh bien !
L'heureuſe circonſtance ,
Vous m'entendez bien.

Sur le Trône vous monteriez ;
Sur votre Roi vous régneriez
Toujours en ſouveraine ,
    Eh bien !
La choſe eſt très-certaine ,
Vous m'entendez bien.

Mlle. ... fut indiſpoſée cette nuit, cependant le jour ne nous vit point à Ruffec : nous quittâmes ce lieu avec moins de gayeté qu'à l'ordinaire , nous penfâmes beaucoup & ne réfléchifmes point. Le chemin jufques à Angoulefme , me parut fort long, & c'étoit notre plus courte journée. Je mangeai peu à dîner parce que j'eus un peu de fiévre ; Mlle . . . . l'eut auffi. En forte que ce jour ne fut pas le plus amufant de la route : ces Dames fe couchérent en ar rivant ; M. B. . . & moi nous montâmes dans la Ville d'Angoulefme qui eft dans la plus jolie pofition du monde & au pied de laquelle eft la Charante , nous en fîmes le tour charmés de la vue qu'elle offre de toutes parts , &

Et feulement nous obfervâmes
Que fans excepter fon Château ,
Cette Ville n'a rien de beau
Qu'une place que nous trouvâmes
Au bout du rempart fans jet d'eau ,
Sans arbres, ni fleurs , ni ftatue ,
Dont un côté flatte la vue ,
Tandis que l'autre déplait fort
Et que nous quittâmes d'abord ,
Priant Dieu qu'un jour la Police,
Daignant réprimer la malice
Des culs hardis de fon reffort ,
Les bouchât tous avec épice.

L'Air vif que nous refpirâmes nous donna tant d'appétit , qu'à peine une foupe, un gigot de mouton, deux poulets & le deffert furent fuffifans pour notre fouper. Le lendemain :

Sur un pays d'une vaste étendue ,
J'avois toujours l'oreille arrêté ;
Si quelquefois j'en détournois la vûe ,
C'étoit pour la porter sur la jeune Beauté
A qui l'amour avoit prêté
Son air , ses traits , & sa grace ingénue.

La petite Ville de Barbezieux est re-
nommée pour la beauté du sexe ; nous ne
vîmes aucune Dame jolie, elles étoient
toutes dans Mlle .... Je vis là le Seigneur
Banchereau , occupé à donner des consul-
tations : nous cottoyames après le dîner ,
son fief du Breüillac , nous entrâmes ensuite dans les Landes , & nous n'en sortî-
mes que le lendemain à la dînée.

Je ne mangeai guére à Monlieu ;
J'étois accablé de tristesse :
Bordeaux , ce trop funeste lieu ,
Venoit avec trop de vîtesse.
Je fus mieux depuis Cavignac ,
Jusqu'à Saint André de Cusac ;
Là , s'éclipsa toute ma peine :
Un Dieu me faisant Perruquier ,
Rendit moins pesante ma chaîne ;
Mais blessa de nouveau mon cœur à ce
mécier.

Apollon se fit autrefois Berger ; mais
cet emploi le flatta moins que celui que je
fis en mettant des papillottes à Mlle .....
l'Amour rendit mes doigts si legers qu'elle
ne souffrit aucune douleur. Ces Dames se

coucherent fort tard , auſſi ne partîmes-
nous le lendemain qu'à ſept heures , nous
arrivâmes à la riviere une demi - heure
après.

Quelques matelots mutinés
Sur les riv:s de la Dordogne ,
Furent des Soldats mâtinés
Avant de faire leur beſogne ;
Puis la chaiſe dans le batteau ,
Et les deux Dames dans la chaiſe ,
Tremblantes & dans le méſaiſe ,
Voile au vent : nous paſſâmes l'eau.

Ces Dames ſe remirent un peu de leur
frayeur , lorſque débarquées elles furent
rentrées dans la Voiture ; les ſoucis me parurent un peu diminuer le plaiſir de voir
Bordeaux , le ſilence les favoriſoit , & je
crus devoir leur rendre hommage par ces
couplets.

Air : *Dans les Gardes Françoiſes.*

Puiſſé-je , Céliméne ,
Dans le rang fortuné,
Où ce jour vous raméne ,
N'être point oublié ;
Les Dieux d'une belle ame ,
M'ont fait le don heureux ,
Une ſublime flamme ,
Peut la raprocher d'eux.

La timide Fauvette
N'oſe point s'élever ,

Et bientôt l'Alouette
Revient se repofer :
L'Aigle, d'un vol rapide ,
S'éleve jufqu'aux Cieux ;
Son courage intrépide
Plaît au Maître des Dieux.

Cependant les plaifirs reprirent bientôt leur empire ; la galanterie & la gayeté qui accompagnoient ces petits riens & la maniere dont ils étoient pris , tout fervoit à nous amufer. Arrivés à Lormont , ces Dames s'habillérent , & je remis à Mlle ..... fon corps que j'avois porté dans mes bras pendant toute la route , en l'apoftrophant ainfi :

Heureux étuit du plus beau corps !
Volez embraffer une Grace :
Que vous allez voir de tréfors !
Ciel ! que ne fuis-je à votre place.

Je frifai Mlle .... le mieux qu'il me fut poffible; pouvois-je être mal-adroit ? Nous paffames enfuite la Garonne.

Du milieu de cette Riviere
Ayant au loin jetté les yeux ;
Nous vîmes , de l'onde peu claire ,
Des Navires audacieux ,
Des clochers & des murs de pierre
S'élever & braver les cieux ;
C'eft de-là que la Ville eft belle ;
Ses déhors font majeftueux ;
Mais tout n'eft pas de même en elle ,

J'en trouve le dedans affreux ;
Tout m'y déplait ; pavés , boutiques ;
Jardins , promenades publiques ;
Les Femmes mêmes y font mal
Excepté la jeune P.....
Et le petit nombre de celles
Que d'autres que moi trouvent belles.

Nous arivâmes à Bordeaux à trois heures après midi : La mémoire que j'avois confervée de nos gîtes & l'Almanach me dirent qu'il y avoit douze jours que nous étions partis ; & en vérité fans eux , je n'euffe pas cru en avoir été trois en voyage. L'illufion du plaifir eft fans doute un bien réel ; & fi j'ai quelque chofe à regretter , c'eft de ne pouvoir pas voyager ainfi toute ma vie. Nous paffâmes huit jours dans ce Port-de-Mer ; je donnai les bagatelles que vous venez de lire à celle qui m'en avoit infpiré la meilleure partie ; elle m'en parut d'autant plus charmée, que la fincérité feule y avoit préfidé. Quelle eft la beauté qui n'aime pas à faire quelque conquête ? & quel eft le mortel auffi qui eut pû réfifter à des charmes enchanteurs foutenus par l'élegance de la taille , la candeur & la modeftie. J'eus l'honneur de lui faire ma cour, mais ce bonheur dura peu de tems ; elle partit le deux Octobre, pour la campagne , nous nous mîmes en route le même jour.

Laissant à gauche la Garonne ,
A droite la Teste de Busch ,
Avec le chemin de Bayonne ;
Je cherchois une rime en Usch
Pendant que deux coursiers alertes ,
Dans les Landes autrefois vertes ,
Tiroient sur le sable mouvant
De la route qui , vers Toulouse
Mene l'Etranger arrivant ,
Et lui montre peu de pelouse ;
Et marchant à pas de Mulets ,
Nous éloignoient du Bordelais.

On compte deux postes de Bordeaux
à Castres , nous fûmes quatre heures à les
faire allant bon train ; nous ne vîmes rien
de remarquable dans ce trajet , j'imaginai
seulement :

Que c'est-là que maître François
A dit que les chemins cheminent ;
Ainsi que lui je le conçois ,
Et ceux qui ces lieux examinent ;
Puisque toujours à vos côtés
La Garonne a même rivage ,
Les Landes ont même visage ,
Et qu'on ne voit nulles beautés.

En effet, quoi de plus ennuyeux que de
voir sans cesse la même uniformité & de
ne trouver jamais la fin d'une Poste ? La
chaleur d'ailleurs étoit très-grande & le Zé-
phir nous apportoit une odeur qui n'étoit
pas agréable ; nous jugeâmes que ce pou-

voît être celle qu'exhaloit le cadavre de quelque rompu expédié depuis peu. Nous fîmes des réfléxions fur la deftinée des hommes. On parla de l'autre monde; l'Enfer, le Paradis, les Anges; tout fut mis en jeu. M. de Bellemore, homme affez facétieux qui étoit avec nous, fit là-deffus une queftion fort finguliere: Pourquoi, dit-il, n'y-à-t'il pas d'Ange femelle? A ce propos Mde la Comteffe fe fouvint que ce jour étoit celui de *Sainte Angelique*, c'eft-à-dire celui de fa Fête; elle nous le dit; M. de Bellemore la complimenta; moi, je repris la queftion, & j'y répondis ainfi :

Pourquoi , Madame, en Paradis
N'eft-il aucun Ange femelle ?
Pourquoi cela ? pour moi je dis
Que Dieu qui de nous tous fe mêle ,
Pour nous charmer dans le malheur ,
Ou pour faire notre bonheur ,
Fit aux Anges de cette efpece
Partager la terre avec nous ;
Efprit, beauté, délicateffe ,
Bonté, douceur, grace, fineffe ;
Vertus qui font toutes en vous,
A ces Efprits furent données ;
Vous qui les reprefentez tous ,
Vivez, que de longues années,
Gracieufes & fortunées ,
Vous rappellent ce jour heureux
Qui vous vit nommer Angelique ;
Ce jour où mon ame s'explique
Et fait pour vous ces tendres vœux.

Enfin nous arrivâmes à Caſtres , lieu où finiſſent les Landes , & qui me paroiſſoit plutôt un déſert qu'un endroit fréquenté. Quelle fut ma ſurpriſe , lorſqu'en entrant dans l'Auberge , j'apperçus le cocher de Mde .... Une joye ſecrette s'empara de moi , & je ne pus m'empêcher de dire avec tranſport.

Air : *Dans un détour.*

Elle eſt ici
La beauté qui fait mon ſouci ;
Madame , voici
Des gens qui prouvent cela ,
Là.
Amour , dis je tout bas ,
Dieu malin qui me tiens dans tes lacs ;
Tu charmes de mon cœur
La bleſſure , ô moment trop flatteur !
Dieu des plaiſirs ,
Toi qui combles tous mes deſirs ;
Dans tous ſes loiſirs ,
Parle lui toujours de moi
Toi.

Nous montâmes dans la chambre où étoient ces Dames , elles furent enchantées de ſe voir ; Mde.... & Mde la Comteſſe cauſerent enſemble ; & Mlle..... qui ne paroiſſoit pas moins agréablement ſurpriſe de notre apparition , que je l'étois de la rencontre , me demanda ſi je continuerois de mettre par écrit ce voyage ;

(20)

elle m'y exhorta , me témoignant de nouveau le plaifir qu'elle avoit eu à lire ce que
j'avois fait de Paris à Bordeaux ; je le lui
promis & qu'elle auroit la copie de ce que
je ferois , & pour lui prouver la vérité de
ce que je difois , je lui montrai un papier
fur lequel , avec un crayon , j'avois tracé
dans la voiture , les premiers vers d'une
petite avanture arrivée à une Sœur Grife
que j'intitulerai ici :

La Thuile.

On peut mentir auprès de la Garonne ;
Ce privilege au climat attaché ,
Renferme en foi quelque charme caché ,
Et nous rend l'Ame&vaine & fanfaronne;
Serois-ce point ce charme féducteur
Qui, dirigeant mon folâtre génie ,
Et fur ces bords m'érigeant en conteur
M'infpireroit d'un Gafcon la manie ?
Car de mentir j'ai la plus forte envie.
Dois-je céder à ce penchant flatteur ,
Moi qui ne fis menfonge de ma vie ?
Non certes , non : efclave né du vrai
Exactement ici je vous dirai
Le trait nouveau d'un quidam plein de
    zèle ,
Que, de Carême, avec elle menoit
Une fervente & modefte Hirondelle,
Quand fon devoir un peu loin l'appelloit.
Or de Bordeaux , envoyée à Libourne,
Sur un cheval notre Hirondelle étoit,
Et le Garçon derriere elle trotoit ;
Bientôt vers lui la Guimpe fe retourne ,

Et lui dit ; Jean ? à defcendre aidez moi.
Non , non , dit-il , car je porte de quoi
Vous foulager fans mettre pied à terre ;
Voyez , ma Sœur , cette Thuile : ma foi ,
Elle eft peu courbe & mince comme un
   verre ,
Piffez dedans ; mais reftez à cheval :
Bon Cavalier ne doit jamais defcendre :
A remonter vous auriez trop de mal.
Elle daigna , m'a-t'on dit , condefcendre,
Et le Garçon , qui par trop fimple étoit ,
Le dos alors vers la Guimpe tournoit.
Ayant ôté fes jupes de fous elle ,
Elle ajufta la Thuile fur la felle ,
Et l'un des bouts vers la terre baiffoit ;
Comme elle put , elle mit fur icelle
Ce que de voir le Garçon évitoit ,
Faifant le guet pendant qu'elle piffoit.
Si j'euffe été compagnon de la belle ,
J'euffe fait plus que le Jean ne faifoit :
Morbleu, partout, qu'il eft de fots à l'om-
  bre
Quand le Soleil fait place à la nuit fombre!

Ces Dames étoient fur leur départ ; un
M. de Bordeaux qui les accompagnoit
donna la main à Mde . . . . . je la donnai à
Mlle . . . dès qu'elles font dans leur caroffe.

 - Du fouet le cocher frappe l'air
  Qui murmure des coups qu'il donne ,
  Et le fang des chevaux bouillonne ;
  On part vîte comme l'éclair :
  Adieu , nous dit-on , bon voyage ,
  Tournant vers nous un doux regard ;
  Adieu , mes fens perdent l'ufage ;

Je suis sans voix à ce départ
Et seulement , mon œil hagard
Suit & bien tôt perd l'équipage.

Nous quittâmes Castres & les Landes ,
pour entrer dans le plus beau pays du monde. Vous connoissez les environs de Choi-
sy? Les bords de la Garonne jusques à Toulouse , offrent une plaine très-belle & des
environs d'une lieue de largeur de chaque
côté aussi rians que ceux qui avoisinent
cette Maison Royale. La plaine qui est
au Nord de la Garonne, est bordée par
un côteau de Vignes de plus de trente lieues
de long ; ce pays est très-fertile & je ne
crois pas qu'aucun Auvergnac ose lui com-
parer la Limagne. Rien n'échappoit à ma
vûe dans ce coin fortuné de la terre.

De l'autre côté du Ciron ,
Nous vîmes le Château de Malle ;
Mais déja de la nuit fatale ,
Les ombres couvroient le canton :
Nous poussâmes jusqu'à Langon ;
Ville qui montre à la Rivierre ,
Son derriere claque muré
De peur de quelque coup fourré
De quelque ennemi témeraire :
Malgré la rigueur de l'Hiver
On y fleurit quiconque y couche ;
Là , le Rosier toujours est verd ,
Et l'Aquilon à l'air farouche ,
Foible comme ailleurs en Juillet ,
N'ose point y flétrir l'œillet ;

Mais ce qui plus le paſſant touche,
C'eſt que l'hôteſſe même met
D'une maniere très-galante,
A tout Cavalier le bouquet
Que ſa belle main lui préſente.

Le lendemain avant de partir nous fumes très-bien fleuris ſuivant l'uſage. Nous
paſſâmes la Garonne & tirâmes vers la
Ville de Saint Maquaire, qui n'eſt qu'à un
quart de lieue de Langon.

C'eſt le devant de celle-ci
Que le rempart cache à la vûe :
Envain l'a-t-on fermée ainſi ;
Filles en ont peu de ſouci,
Et ſouvent de Soldats pourvue,
On y voit naître maint garçon
Qu'on dit fils de la Garniſon.

Ces deux petites Villes ſont à peu près
comme Villers-Cotterets, ou Arpajon ;
elles n'offrent rien de beau dans leurs édifices. Nous arrivâmes à neuf heures & de-
mie à la Reole, Ville en amphitéâtre comme Pontoiſe, mais moins riante.

Elle doit faire la culbute
Au premier jour dans la Garonne,
Et Caudrot s'enflant par ſa chute,
Doit faire une Iſle belle & bonne.

A une lieue de la Reole, eſt la terre de
la Motte-Landron. Nous deſcendîmes
chez le Juge où nous dinâmes. Cette ter-

re eſt belle , je puis le dire , & dans la plus
jolie poſition du monde ; je la compare à
Saint-Denis : la Garonne paſſe au pied &
les environs n'en ſont pas moins beaux
que ceux de cette Ville. Après le dîner nous
allâmes à une petite demi-lieue du pays
chez M. de la Peyre ; ſon Château de la
Lane eſt à une lieue de Marmande au
milieu d'une plaine admirable ; Mais :

    Ce qui rend ce ſéjour aimable
    Et ce qui l'embellit encor ,
    C'eſt l'hôte noble & reſpectable
    Dont la candeur & l'air affable ,
    M'y firent paſſer des jours d'or.

Nous paſſâmes huit jours dans cet agréable Hermitage , qui n'eſt qu'à un quart de
lieue de Sainte-Bazeille , Ville à peu près
grande comme Paſſy : mais dans laquelle
il eſt des gens aiſés & de fort bonne ſocié-
té ; cela fait un agrément pour les hôtes de
ce ſéjour iſolé que nous réſolumes de
quitter pour paſſer en Perigord , nous ne
pumes trouver que cinq chevaux , & quoique la pluye tombât avec force.

    La Garonne au pâle viſage ,
    Reſte dans ſon lit , nous montons
    Sur nos chevaux & nous partons ;
    Notre héroïne ſemble un page
    A monter un cheval inſtruit ,
    De bonne heure à l'Académie ;

Elle

(25)

Elle marche, l'escadron suit,
Bravant d'Eole la furie.
Où Monsegur ou Monsegu *
En peu de tems nous traversâmes,
Crotés & mouillés jusqu'au cu ;
De l'autre côté nous passâmes
Le Drot, & derriere laissames
Lorette en proïe aux Pellerins
Que cette Dame rend sereins
Lorsque leur zèle est vif & ferme :
Plus loin nous brûlâmes Seinferme,
Seinferme, entendez-bien cela :
Ce Village ainsi s'apellâ,
Parce que les femmes de-là,
Ont les têtons durs, élastiques,
Bien séparés, dodus & ronds,
Et qu'à celles des environs
Elles enlevent les pratiques ;
Car Moines, non de Loyaula,
Ont leur demeure en ces lieux là.

De nos cinq chevaux, l'un portoit les
équipages ; trois étoient montés par Mde
la Comtesse, M. son fils & moi ; le cinquiéme l'étoit alternativement par les deux
laquais, & le Loueur de chevaux alloit à
pied. Nous étions faits comme des diables,
& l'on nous eût pris pour une troupe de
Comédiens qui avoit décampé sans payer,
& se sauvoit à travers champs pour éviter les Sergens & les Records. La pluye
continua toute la journée, nous eussions

* Cet endroit s'écrit Monsegur, & les gens du pays disent Monsegu.

B

bien voulu aller coucher aux Liéves ou à
Sainte-Foy.

> Mais le jour finit fa carriere
> Beaucoup plutôt qu'à l'ordinaire ;
> La Lune retarda fon cours :
> Femelles font longues toujours ,
> Excepté notre Chevaliere:
> Aux Poftes il fallut giter.
> Les Poftes font une chaumiere
> Qu'éclaire une foible lumiere ,
> Qu'un petit vent vient agiter.
> Grands yeux ouverts , bouche béante ,
> Deux idiots nous regardoient ;
> De grands cheveux épars flottoient
> Sur leur tête maigre & péfante :
> Chacun d'eux fon chapeau tenoit ;
> Chacun de nous fe morfondoit
> Devant trois femmes pantomimes :
> Enfin pied à terre nous mîmes
> Et nous foupâmes dans ce lieu ,
> Nous y couchâmes , de par dieu !
> Pas une heure nous n'y dormîmes.

On nous donna une chambre à deux
lits ; cette chambre avoit auffi deux portes ,
fous l'une defquelles un gros chien eut pu
paffer ; celle-là donnoit fur la campagne ,
& laiffoit entrer un vent qui n'amufoit pas
Mde la Comteffe qui étoit couchée à
coté. M. fon fils & moi . nous étions dans
l'autre lit , qui avoit une couverture de
chanvre enfermée dans une groffe toile
d'étoupes , & qu'une fourmilliere de pu-

ces rendoit toute noire. Nos gens avoient
auſſi deux lits entre trois , & je penſe que
ceux de la maiſon s'en trouvoient privés.
Auſſitôt qu'il fut jour nous nous remîmes
en marche toujours ſur les hauteurs d'entre la Garonne & la Dordogne.

En Muſique eſt ce pays-là :
Je le compare aux Tragédies ,
Nobles , pompeuſes & hardies
Dont Corneille nous régala.
S'il eſt des bas déſagréables ,
Que les hauteurs en ſont aimables !
De toutes parts de ſon ſarment ,
Le Dieu de la treille les couvre ,
Et l'œil à la ronde découvre
Mille beautés dans un moment.
Là , ſous vos pieds eſt un bois ſombre
Qui , ſur le rivage charmant
D'une Riviere , offre ſon ombre :
Dans le lointain la noire nuit
Semble fuir le jour qui la ſuit ;
Et bientôt le jour trop rapide ,
Semble l'éviter à ſon tour :
Sans ceſſe ainſi le tems les guide ,
On attend en vain leur retour.

Arrivés à Sainte-Foi , je parcourus cette
Ville aſſez bien percée , en moins d'un
quart-d'heure. Mde la Comteſſe vouloit
aller diner à la Force ; mais elle ſe trouva
incommodée ; peut-être étoit-ce de la fa-
tigue de la veille : elle dina dans cette petite Ville.

Dont les trois quarts des habitans
Sont dévolus aux feux ardens
De Lucifer & de fa clique,
S'il en faut croire nos fçavants
Dans l'Ecriture Catholique :
L'autre qui n'eft point Héretique,
Montre un peu moins d'auftérité,
De candeur & de probité ;
Mais la morale Jéfuitique
Du Paradis l'ayant doté,
Eft-il nécéffaire qu'il prenne
Pour le Paradis tant de peine ?

Nous partîmes de Sainte-Foy, le Loueur de chevaux & moi, pour nous rendre chez M. le Comte, mari de Mde la Comteffe ; elle, fon fils, & les deux domeftiques allerent à la Force. Nous n'avions que trois lieues à faire ; auffitôt que nous eumes paffé la Dordogne & monté la côte, mon compagnon ceffa de marcher à pied, puis :

Allant de nos petits chevaux,
Le grand trot par mons & par vaux,
Nous fumes quatre heures d'horloge
Avant de pouvoir arriver
Au manoir qui le Comte loge,
Dont il ne veut point fe priver,
Quoi que Lamotte, plus aimable,
Semble fans ceffe l'inviter
A venir toujours l'habiter.
Mais, quoi ! de ne pouvoir quitter
Ce lieu natal eft-il blamable ?

L'endroit où il réfide eft en effet dans

la plus jolie poſition du monde : Sa maiſon
eſt expoſée au midi ſur un petit cotteau
dont la pente eſt douce ; au bas eſt la Riviere de l'Iſle qui eſt très-poiſſonneuſe ,
une prairie ſuperbe , & des bois de tous
côtés ; le terroir y eſt d'ailleurs auſſi fer-
tile qu'il l'eſt à Lamotte , où le bois manque ; il eſt vrai qu'on eſt loin des Villes ,
& qu'il y a peu de ſocieté : La Châtreuſe
de Vauclaire eſt à deux portées de fuſil ,
ſur le bord de l'eau. Il faut vous faire part
d'une avanture arrivée à un des Freres de
ce Couvent que je crois de voir intituler :

L'EPOUVANTAIL.

Je ne peindrai ni Curé ni Chanoine ;
On ne doit point leurs œuvres révéler ;
Mais je ſerois blamable de céler
Le trait comique & ſurprenant d'un Moine,
Que ſimplement , je vais vous détailler.
Près de Vauclaire eſt un bois ſolitaire
Dont le Couvent ſeul eſt propriétaire :
Maint payſan y va ſouvent piller
Quelques fagots qu'il porte en ſa chaumie-
  re :
La Lune alors , l'aide de ſa lumiere :
Hardi ſeroit qui le feroit de jour :
Dame Juſtice auſſitôt invoquée ,
Ne manqueroit de faire un mauvais tour
A la partie au combat provoquée
Qu'elle feroit du crime repentir :
Il faut n'avoir à perdre nulle choſe
Si , dans ce bois , aller de jour on oſe ,

Et fi l'on veut le butin en fortir.
Avint un jour que certaine femmelle ,
Laide , harpie , arrogante donzelle ,
Sur le midi fe coule dans ce bois :
On avertit ; le Frere en tapinois
La fuit de l'œil au fond du taillis fombre ;
En peu de tems elle eut fait fon fagot :
Le Penaillon , que couvroit de fon ombre
Un chêne verd , crie en ftile dévot ,
Au nom de Dieu , rends moi , rends mal-
     heureufe ;
Rends moi ta ferpe , & laiffe ce bois là ;
Laiffe le tout ; retire-toi , voleufe ;
Retire-toi. La femme fur cela ,
Tourne le nez vers la face du Frere ,
Et dans l'inftant paroiffant en colere ,
Elle fe trouffe en criant : le voilà.
Saute deffus , pille le mon galaffre ;
Nommant ainfi l'effroyable balaffre
Que , courant fus , au Frere elle moutra.
Bonté de Dieu ! dit-il , puis fe fauva
Et fon fagot la vilaine enleva.

Nous rîmes beaucoup de cette hiftoire
lorfque je la lûs à M. le Comte : Mde la
Comteffe arriva le lendemain ; elle prit
part à la joye , & nous partîmes le jour
fuivant pour Ville-Franche : Nous nous
arrêtâmes en paffant , aux Chartreux où fe
trouva le bon-homme qui avoit porté la
thuile qui fait le fujet du conte de ce nom.

De-là nous fûmes à Montpon ,
Ville je penfe , un peu moins grande ,
Que ne peut être Charenton ;

Là ne font jurés, ni jurande ;
On n'y voit auſſi nul clocher ;
Et cette Ville va chercher,
A l'autre bord de la Riviere,
La Meſſe en ſabot, en bidet,
Tel en croſſe, tel en baudet,
Souvent à Dieu ne penſant guere.

Nons continuâmes notre route par Me-
neſplet, & nous arrivâmes chez M. l'Abbé de . . . . . avec beaucoup de peine.

Car Villefranche eſt un endroit,
Où, dans l'Automne, un cheval n'entre,
Sous l'Ecuyer le plus adroit,
Qu'en ſe crottant juſques au ventre.
Dans un vieux Château qui fondoit,
Maſure, & vrai nid de chouete ;
L'Abbé ſans feu ſe morfondoit,
Et le vent aſſez fort grondoit
Dans cette effroyable retraite
Où, par la fenêtre, il entroit :
Nous y mangeâmes une ſoupe
Où le lard un peu dominoit ;
Pour le vin, paſſable il étoit :
Enſuite dans des draps d'étoupe,
Couvrant un lit qui fort ſantoit
La fange dont on les lavoit,
Je m'ennuyai la nuit entiere
N'ayant pu fermer la paupiere.

Mde la Comteſſe partit le lendemain
pour aller rejoindre ſon mari, & moi pour
Montagne ; un orage affreux nous ſurprit,
il me fallut eſſuyer une greſle conſidéra-

ble avant d'arriver au Château , qui eſt
ſur un Rocher à peu-près dans la même
poſition que Meudon.

> Je paſſe d'abord ſous la tour
> Où Montagne fit ſon ſéjour ;
> Je traverſe une immenſe cour.
> Que j'en trouve le maître aimable !
> Là regne même aménité
> Que chez le Comte reſpectable ,
> Que depuis peu j'avois quitté :
> Là l'on mange Perdrix & Cailles ,
> Grives , bonne Soupe , Ortolans ;
> Le vent reſpecte les murailles ;
> Les lits y ſont mous , les draps blancs ,
> Et l'on y paſſe bien ſon tems.

Je comptois retourner le lendemain à
Villefranche , mais il fit un tems affreux ;
la Ridoire petite Riviere qui paſſe au pied,
du Château, déborda, & je fus obligé de reſter. Je fus curieux de voir la tour où Michel
de Montagne s'amuſoit à peindre les hommes. Il écrivoit au 2e. étage , & jouiſſoit
de la plus belle vûe du monde ; il ſe rendoit
par une Gallerie , dans celle qui eſt au midi
lorſqu'il vouloit voir ſa femme , ou ſa fille
à laquelle il parloit toujours latin : l'idée
me vint de lui écrire de ſon Château &
voici comme je m'en tirai.

> *Ami des Arts & de la vérité ;*
> *Toi qui , chcri dans le docte Eliſée ,*
> *Goutes , enfin , la douce voupté*

Que nous vanta jadis ta plume aisée ;
Daigne, ô Montagne, un moment m'écouter.
Ta vanité, pardonne à ma franchise ;
Dans tes écrits je la trouve permise ;
Tu l'aimas trop pour ne la plus goûter :
Ta vanité, nuisible à ta famille,
A fait les maux de ton unique fille :
Ton nom, ce nom mémorable à jamais,
Eloigna d'elle & des siens toute paix :
Substitué ce nom, source de Guerre,
Echape aux tiens ; d'abord, avec ta terre :
Un Mariage aussitôt le leur rend ;
Il te flatta dans ta demeure sombre ;
Il promettoit de tes vœux, le garand.
Mais dieux ! quel coup épouvanta ton ombre !
Quel coup affreux alla troubler tes jours,
Quand, d'un bâtard, la jalouse avarice
Le ceux d'un fils, ton unique recours
Indignement, alla trancher le cours !
Moteur abject d'une troupe complice
Il fuit sans cesse à ses remords livré,
Puissent les siens détester l'injustice :
Puissent.... Non, non, leur cœur est ulcéré
Et l'interêt les lie au char du vice.
Dans son espoir qu'on est souvent déçu !
Tu connoissois des tiens les destinées,
Montagne ; alors tu comptois leurs années,
Et tu voyois dans un mâle conçu,
Sujet flatteur de trop justes allarmes
Passer ton nom, & ta Terre & tes Armes :
Il perd le jour ; un monstre en même tems
Sort de l'Enfer, & ses mugissemens
Font retentir les voûtes éterrées ;
C'est la chicanne ; à son apect affreux,
Deux freres sont desunis, malheureux ;
Leurs differends connus dans cent contrées,
De leurs amis fixent les yeux sur eux :

Les premiers coups se portent à Libourne :
Là, triompha du Comte l'equité ;
Un jugememt, par elle fut diéé ;
Mais à Rouen, où le monftre féjourne
En peu de tems le combat eft porté :
A ce combat, les guerriers s'acharnérent,
Et l'un & l'autre en ce lieu fe ruinérent ;
Puis à Libourne ils parurent encor :
Ils fe croyoient, enfin, au fiecle d'or,
Quand des amis l'affaire accommoderent.
Le monftre adroit vicia cet accord ;
Puis vers Paris, dreffa fon vo. rapide :
La mort des tiens fervit ce monftre avide :
Il obtient tout du tems & de la mort :
De fes deffeins implacables miniftres,
Ses coups par eux deviennent plus finiftres :
Combien de fois il triompha par eux !
On attaqua l'accord avec courage ;
Avec vigueur on défend cet ouvrage ;
De part & d'autre un combat généreux,
Rendit, longtems la Juftice incertaine.
Là fuccomba l'intrépide Lanneau :
De cet échec elle reffent la peine.
Mais fans fléchir fous ce pefant fardeau :
Elle tranfmet aux fiens la noble envie
De triompher dans un combat plus dur,
De leurs rivaux dans la maifon de Lur.
Par la chicanne, hélas ! trop bien fervie,
Longtems nos coups ont été fufpendus ;
Mais il eft tems que le fort l'humilie,
Et que des droits, plus d'un fiecle attendus,
Viennent à ceux à qui feuls ils font dus.
En Perigord, non loin aes bords de l'Ifle,
Non loin des mûrs que jadis tu chéris,
Heureux Montagne, on vit vivre tranquile
Affez longtems dans les triftes débris,
D'un vieux manoir d'une ftruéure antique.

Une mortelle en qui tout nous traça
Tes sentimens & ton ame héroïque ;
De son repos ton ombre s'offença ;
Elle du moins, une nuit le pensa :
Soudain l'ardeur en ses sens se ranime ;
Les élemens ne peuvent l'arrêter :
Les justes Dieux qui punissent le crime,
Font qu'à Paris elle court habiter ;
C'est là bientôt, du mortel qui l'opprime,
Qu'elle se fait & craindre & redouter :
Que de détours ! quels mensonges horribles !
Combien d'écrits la fourbe sçut dicter !
Quel hidre affreux il lui fallut dompter !
Tu la voyois dans ces combats terribles
Digne de toi, digne de ses Ayeux,
Et ses travaux réjouissoient tes yeux ;
Mais quand tu vis la balance équitable
Pencher vers elle & combler ses défirs,
Combien alors, Philosophe estimable,
Ainsi que nous, goutas-tu de plaisirs !
Car des plaisirs que la Justice donne,
Dans l'Elisée on doit aimer l'accès ;
Du vrai bonheur, sansdoute, ils font l'ex-
    cès :
Mais cet Arrêt qui nul des tiens n'étonne,
N'est point encore la fin de leurs procès,
Et la chicane à l'œil louche, au pied leste,
De ses détours veut employer le reste ;
Themis aux tiens doit un dernier succès :
Heureux cent fois si mes soins & ma peine,
A leur bonheur peuvent contribuer !
Toi qui, sorti d'une race Romaine,
Dans ce Château te vins habituér ;
Toi qui vécus ici Bourgeois de Rome ;
Sauve les tiens de la désunion ;
Inspire leur, ô Montagne ! ô mon homme !
Cet esprit juste & cette affection

Qui loin de nous relegue la discorde :
Que ton esprit soit l'unique aujourdhui
Qui les dirige & qui , par la concorde ,
Leur fasse enfin connoître ton appui :
Et donne-moi ta force & ton genie ;
J'en ai besoin pour te servir en eux ,
Moi qui t'écris de cette Tour chérie
Où tu vécus dans un tems désastreux :
Sois attentif à mes sinceres vœux ;
Viens avec moi desarmer la furie
Du monstre affreux qui veut les désunir :
C'est aujourdhui le tems de le punir :
Assez longtems son implacable rage ,
A tes enfans a sçu donner des fers ;
Viens de Themis animer le courage ,
Et forçons-le de rentrer aux Enfers.

Le beau tems revint , & je m'en retournai par un autre chemin , de peur de me voir forcé d'aller entre deux eaux porter moi-même cette Lettre au défunt pour qui je l'avois faite. M. de Montagne, successeur, au nom & aux armes du Philosophe, l'ayant vue, me protesta que son quatris-Ayeul n'y feroit point de réponse ; cependant de retour chez M. le Comte de . . . . Il y avoit environ une heure que j'étois dans mon lit.

Et je dormois fort à mon aise ,
Lorsqu'un homme qui m'apparut ,
M'épouvanta par son salut :
Portant veste noire mauvaise ,
Il avoit au cou belle fraise ,
Et fort peu de barbe au menton ;

L'air diſtrait, mais vif & gaſcon,
Sur ſon chef étoit noire étoffe
Formant un bonnet arrondi,
Sur ſa maigre mine applati ;
Je ſuis, dit-il, ce Philoſophe
Dont tu blâmas la vanité,
Lorſque par ton zèle excité,
Tu m'écrivis la cataſtrophe
De certain Marquis redouté.
J'approuve ta ſincérité,
Et j'aime fort ton apoſtrophe :
Elle eſt pleine de vérité.

Ces deux derniers vers qu'il prononça avec un air riant me raſſurerent beaucoup, car je tremblois de peur de lui avoir déplu par ma franchiſe ſur ſa vanité. Il reſta un moment ſans parler pour me donner le tems de me remettre, puis il continua ainſi :

Ta Lettre me plaît & m'enchante,
Et je l'ai lue avec plaiſir :
Le Ciel remplira ton attente ;
Sois tranquile ſur l'avenir :
Mais je t'ordonne à ton loiſir,
Toi que la vérité maîtriſe,
De relever une mépriſe
D'un Auteur qui me fait à tort
Mourir un an avant ma mort ;
Et qui, m'ôtant même la tête,
Publie & ſoutient fauſſement,
Qu'envers ma fille, malhonnête
Je fis jadis un Teſtament ;
Je n'en fis point. Mieux que toi même
Qui peut en ſçavoir la raiſon ?
Pour le Philoſophe Charon,

Si mon amitié fut extrême,
Il n'eut mes armes ni mon nom,
Et je te charge de le dire
A qui du fait voudra s'inftruire.

Difant ces mots il difparut, & me laiffa fort étonné. Avant cette avanture, j'avois imaginé que les ames n'avoient pas de vanité ; & celle de Montagne, qui étoit précifement comme je l'avois vu dans fon tableau, me parut avoir encore une petite dofe de ce poifon. Faifant attention à ce qu'il venoit de me dire, je me rappellai qu'en effet il ne pouvoit avoir fait de Teftament fans avoir perdu la tête, puis qu'en 1590, il avoit fubftitué fa Terre à l'enfant puis-né de fa fille, à la charge de porter fon nom & fes armes; je me rappellai auffi que l'Auteur des Philofophes modernes, le faifoit mourir en 1592, pendant qu'il ne mourut qu'en 1593 le 13 Septembre ; mais ces petites erreurs méritoient-elles qu'il fe fâchat, & ne devoit-il pas les pardonner à cet Auteur, en faveur des louanges qu'il lui donne ? Le lendemain, auffitôt qu'il fut jour, je comptai mon avanture à M. le Comte, & à Mde la Comteffe. Après en avoir rit, nous fimes beaucoup de réfléxions, mais qui ne furent point triftes, & ne nous empêcherent pas de nous amufer pendant trois ou quatre jours. Enfuite je

partis pour Bordeaux , où je devois être le
vingt-fix octobre , & à francs étriers.

Je courus la Pofte par eau :
Entendez que toujours la pluye ,
Tomba fur ma figure à fceau ;
Et ce tems n'a rien qui m'ennuye
Ou me contraigne à m'arreter :
A Libourne on me vit monter
Le cheval de l'Apocalipfe ,
Et bientôt la ville s'éclipfe :
Uu éperon feul me reftoit ,
Et du pefant animal pie ,
Une trifte moitié traînoit
L'autre , prefque morte & fans vie.
Plus de deux heures il étoit ,
Et fur mon corps la même fauce
Que le matin alors tomboit.
Après dix bonnes lieues de Beauce ,
J'entens les femmes de Lormont ,
Où j'arrive quand la nuit fombre ,
Depuis deux heures de fon ombre
Avoit couvert le plus haut mont
Et comblé les baffes vallées.
Il ne refte que la clarté
Qui me fait voir l'obfcurité
Et les routes par trop mouillées :
Oh ! qu'amplement j'étois crotté !
Percé jufques à la chemife ,
Je fais d'abord faire un grand feu ,
Chofe en femblable cas requife ,
Et mon habit j'étends dans peu ,
Mais ô fatalité cruelle !
Il tombe , la poche étincelle ;
Mon fecours devient fuperflus ,
Déja cette poche n'eft plus.

Elle n'eſt plus , ou ſi c'eſt elle ,
Je me vois avec elle exclus
De la maiſon de mainte belle ,
Et forcé de vivre en reclus.

J'eus quelque chagrin de cet événement ;
mais il fallut s'en conſoler : Heureuſement
l'habit étoit neuf , & ſa diſgrace pouvoit ſe
réparer : Je me couchai , mais préocupé de
l'heure à laquelle je devois partir , il ne me
fut pas poſſible de dormir beaucoup.

Je comptois fuir cette demeure
Dont je n'étois gueres content ;
Et partant de-là vers une heure ,
M'embarquer avec le montant ;
Mais on ne m'éveille qu'à quatre ;
Alors c'étoit le deſcendant ;
S'il m'eut été permis de battre
L'hôte , la fille , & le garçon ,
Je leur euſſe fait ſans façon ,
Sur l'épaule quelque careſſe :
Mais à cinq heures le tems preſſe ;
Dans un batteau nous nous mettons ,
D'autres & moi , puis nous partons :
Uu autre chargé de femelles ,
Se trouve en moins d'un tour de main ,
A côté de nous en chemin :
Monſieur , s'écria l'une d'elles ,
Vous m'avez l'air d'un bon Romain :
Vous allez , ſans-doute , à Marſeille ?
Vous n'arriverez pas demain.
Un des nôtres la rime en tain :
A ce mot chacune s'éveille ,
Et fait voir en patois Gaſcon ,
Une éloquence ſans pareille.

Ah ! quelle force de paumon !
Que de voix frappent notre oreille
Et nous rendent *in exitu !*
Bref, notre batteau fut battu :
Ceci n'eſt point une merveille,
Car toujours ces femmes ont eu
Langues d'acier bien afilées,
En ſotiſes jamais rouillées.

Celles des bords de la Garonne, valent bien celles des rives de la Seine, & même je ſerois diſpoſé à croire qu'elles ont plus d'éloquence que celles-ci. Enfin notre champion ſe vit mal mené, & fut obligé de céder le champ de bataille ; il eut même la modeſtie d'avouer que les hommes ne valent pas les femmes dans la diſpute, En effet.

Avec elles qui n'a pas tort ?
Nous arrivons à l'autre bord.
Là, ſur l'épaule ma valiſe,
Comme Enée alors qu'il portoit,
Loin d'ilium, le bon Anchiſe
Et que dans la boue il trotoit,
J'allois avançant vers la ville
Que, de loin, je voyois dans l'eau,
Faiſant, comme lui, quelque bile ;
Car je penſe que tout fardeau
Même le plus flatteur en donne :
Le hazard pour me ſoulager,
Me fait, aux bords de la Garonne,
Trouver une jeune luronne
Qui du fardeau, veut ſe charger ;
Tous deux, marchant d'un pied léger,

(4**1**)
Dans la ruelle judaïque ,
En une heure je fus loger
Chez l'Hôte qui fçut m'éberger ,
Qui de politeſſe ſe pique ,
Et que j'euſſe eu tort de changer.

Je donnai mon habit à retourner , & je fus obligé de m'ennuyer pendant trois jours que le Tailleur l'eut dans les mains. Las de reſter dans ma chambre & voyant d'ailleurs que les opérations pour leſquelles je m'étois rendu à Bordeaux étoient faites , je fus à la Comédie , dans l'intention de m'amuſer ; mais tout m'y déplut : les Acteurs m'y parurent mauvais excepté un ſeul : Les Actrices étoient déteſtables ; & ne voyant rien dans les Spectateurs qui pût me flatter , je m'amuſai d'une autre maniere en faiſant cette chanſon.

Air : Que l'objet qui m'engage.

D'où vient cette triſteſſe ,
Qui regne ſur mon cœur ?
Dieu , dont le trait me bleſſe ,
Fait ceſſer ma langueur :
Amour , dis à ma belle
L'excès de mon tourment ;
Inſtruis-la que loin d'elle ,
Je vis languiſſamment.

Eh qu'eſt-ce que la vie
Loin de l'objet aimé !
Un cœur qui s'en ſoucie

N'est pas bien enflammé :
Le prix de l'existance
Se trouve en deux beaux yeux ;
Il se perd dans l'absence
De l'objet de nos vœux.

Vers ce charmant rivage
Quand viendra ma Beauté ,
De mon long esclavage
Calmer la cruauté ?
Avec impatience
J'attends ce doux moment ;
Que le tems qui s'avance
Avance lentement !

Soleil , de ta lumiere
Prive les lieux heureux
Où se tient ma bergere ;
Reste caché pour eux :
Et vous jeux agréables ,
Cessez de la charmer ;
Plaisirs toujours aimables ,
Daignez la ramener.

Je restai quelques jours à Bordeaux ; &
aussitôt que je n'y fus plus nécessaire ,
c'est-à-dire le vingt-neuf octobre, je m'en
retournai en Perigord , après avoir fait
passer ce que vous venez de lire à Mlle.

Air : *Et vogue la Galére.*

Sans craindre la marée ,
Nos hardis matelots ,
D'une rame assurée ,
Donnent un joug aux flots :

Et voguer la galére
Lanlere, lanlere, lanlere,
Et vogue la galére,
Je fuis loin de Bordeaux.

Nous cottoyâmes pendant longtems
les Vaiffeaux qui font dans le Port, & que
l'on arme à force depuis peu ; nous nous
en éloignàmes infenfiblement, & en moins
de trois quarts d'heure, nous nous vîmes
à une lieue du Port ; c'eft-à-dire, à Lormont. Je devois prendre là un cheval
pour aller à Caverne ; mais on me demanda fi je voulois faire le quatriéme pour une
chaife, je l'acceptai, & nous partîmes pour
Libourne.

On vit en nous, fans nous connoître,
En ce moment s'affocier,
Un   un Officier,
Un fupport de Calvin, un Prêtre ;
Affemblage affez fingulier :
Nul ne parla de fon métier :
On dit des chofes agréables,
Des chofes en route paffables ;
Mais dont l'Abbé rougit un peu,
Car il faut rougir, c'eft le jeu
Que doit jouer tout bon Papifte,
Rigorifte ou non Rigorifte.

Nous arrivâmes toujours riant à Saint
Pardon où nous nous embarquâmes fur la
Dordogne ; le batteau étoit fi rempli de
chevaux & d'hommes qu'il fallut nous

mettre dans la chaife, ce qui m'empêcha
de voir l'étendue de l'eau qui eft confidé-
rable en cet endroit.

Un batteau qui defcend vers Blaye,
Nous rencontre au milieu de l'eau :
Quoy ! dit un des nôtres fort gaye,
Vous êtes douze en ce batteau
Et vous n'avez qu'un maquereau ?
Vous jeunerez : Enfant de fille,
Replique tout dans le moment,
En *arce* fort bien le rimant;
Vas-tu rejoindre ta famille
Dont les mafles font a Toulon ?
Auras-tu, comme eux le bras bon,
Vifage de plâtre livide ?
Adiu, qué *l'ou diavlo té guide :*

L'éloignement des felouques m'empêcha d'entendre le refte de la difpute, d'ailleurs les athletes s'efcrimoient en gafcon.
Arrivés de l'autre côté, nous remontâmes
en chaife, nous continuâmes notre route
toujours de bonne humeur; & laiffant à
droite la Dordogne, nous arrivâmes de
bonne heure à Libourne.

C'eft là, que l'on voit fans furprife,
Certaine Ifle montrer fon cul,
À l'Ifle qui la cliftérife :
La Dordogne, tous les jours frife
Ce cul rond qui n'eft pas tondu
Et qui, tout rempli d'aubarede,
Rend beaucoup plus qu'une pinede
Fronfac couché de tout fon long

vis-à-vis , les pieds dans le jonc ,
Git & reçoit de ces Rivieres ,
Aſſez ſouvent les étrivieres ;
Si pourtant étrivieres ſont
Les débordemens qu'elles ont.

A l'Auberge je demandai à l'Abbé comment s'appelloit l'Iſle ſur laquelle tombe la Riviere de ce nom ; *il ne put pas me ſatisfaire ſur ce point; mais il me parla d'une autre d'où il venoit, & où il avoit vû, diſoit-il, une Demoiſelle de Paris dont la richeſſe de la taille étoit audeſſus de toute expreſſion; il ignoroit que nous euſſions fait la route enſemble, il s'étendit beaucoup ſur les excellentes qualités de M*lle*. de .... ſes graces , ſa douceur ; il alloit continuer ſon eloge, lorſque je l'arretai en lui diſant ; je connois , M. la beauté dont vous parlez.*

Son rire eſt celui de l'Aurore ,
Lorſque dans un jour radieux ,
Elle vient nous ouvrir les Cieux ;
Son haleine eſt celle de Flore :
Elle a le port majeſtueux ;
L'œil vif, le pied voluptueux ;
Les doigs legers , la voix charmante ;
Lorſqu'elle joue ou qu'elle chante ,
En ſilence ſont les oiſeaux ;
Le murmure même des eaux
Ceſſe à ſa voix douce & touchante ;
Non , il n'eſt rien qu'elle n'enchante ;
Il n'eſt rien qui lui ſoit égal ;

Si mon éloge, au deſſous d'elle ,
Vous rend mal la jeune....
Un Dieu mille fois plus fidele ,
Avec le bout d'un trait vainqueur ,
Au vrai l'a gravée en mon cœur.
Oh ! dit l'Abbé, c'eſt cette belle !

Elle fut le ſujet de notre converſation , & je trouvai la ſoirée fort agreable. Le lendemain je fus ſur un mauvais cheval chez M. le Comte de.... où je paſſai ſeulement un jour ; j'allai enſuite à Villefranche, puis à Muſſidan, & là j'apris que :

Le Commandant de la Province
Dont ici je tairai le nom ,
Qui certes n'eſt point un nom mince ,
En amour a quelque renom ;
Il eſt fameux pour les ripoſtes ,
Et ſait fort bien courir dix poſtes
Pour paſſer une bonne nuit
A Mucidan à petit bruit ,
Et c. tera ; car c'eſt un drille
Qui s'abſente à chaque moment ;
Et dans tout le Gouvernement
Il n'eſt femelle un peu gentille
Qu'il ne ſoumette en moins d'un an ,
Fut elle même née ailleurs qu'à Muſſidan.

Ce dernier vers s'entend lorſque l'on ſçait le proverbe Perigourdin , qui dit ; ſi tu te maries & , que ta femme ne ſois pas P.... dans un an , elle n'eſt point de Muſſidan. Le trois Novembre , je retournai chez M. le Comte : Le Mercredi , M. ſon

fils revint d'une tournée qu'il venoit de
faire , & nous partîmes le Jeudi à huit heures pour Montpon, où nous trouvâmes
une chaife , que nous prîmes pour nous
rendre à Bordeaux.

Dans cette vieille chaife étoit
Une Dame qui s'atriftoit :
Son nez avoit prefqu'un quart d'aune :
Envelopé d'une peau jeaune ,
Son vfage , vrai gaufrier ,
Et long au moins d'une coudée ,
Vint fubitement effrayer
Notre Comtefſe incommodée :
Flle avoir un jeune Ecuyer
Montrant pantoufle & non pas barbe ;
A cheval mieux qu'un Roi de Garbe ,
Il fe lafla fur l'étrier ,
La Lune alors & les Etoiles
De la nuit éclipfoient les voiles :
L'Ecuyer fans botte & fendu ,
Se plaça derriere la chaife ;
Chacun de nous plaignoit fon cu ,
Et chaque Laquais eft fort aife
De voir là ce tendron dodu ,
Comme chacun d'eux tout de braife.
O Phebus ! tu ne les vis pas
Toi qui là haut vois tant de chofes ;
Les bonnes chofes d'ici bas
Souvent pour toi font lettres clofes.

L'Ecuyer féminin fe plaignoit fort des
cahos de la chaife ; on lui demanda où il
avoit mal , il répondit que c'étoit aux
dents : ce mal de dents nous amufa beaucoup

coup toute la soirée. Le lendemain nous
passâmes l'Isle & la Dordogne, & nous arrivâmes à Lormont, où se passa l'aventure
que vous allez lire & chanter, si vous le
jugez à propos.

Air : Du mirliton.

Vous avez bien sçu l'histoire
De Dianne & d'Actéon ?
La Dive à prunelle noire
Se baignoit ; il vit, dit-on,
Son brun mirliton
Mirliton mirlitaine,
Son brun mirliton
Don don.

La Chasseuse très-fâchée,
Se vengea cruellement,
Lorsque sa meute lachée
Déchira ce tendre Amant
De son mirliton, &c.

Notre hommasse Chevaliere
Dianne n'imita pas ;
Mais d'Hébé, Nimphe légere,
Nous vîmes presque le cas.
Quant au, &c.

Quand Hébé versoit à boire,
A tous les Dieux assemblés,
Elle tomba, dit l'histoire,
Et tous se virent troublés
Pour son, &c.

Venus éclatoit de rire,
Et Minerve la blamoit ;

Il n'eſt nul Dieu qui n'admire,
Jupiter ſurtout diſoit
Le beau , &c.

Derriere la chaiſe aſſiſe
Notre Chevaliere étoit ;
Elle acrocha ſa chemiſe :
Deſcendant, elle montroit
Son brun, &c.

Notre admirable Comteſſe
De deſſus l'œil détournoit ;
Un autre dit , quélle feſſe !
Et comme Jupin crioit
Le beau, &c.

Nous dinâmes à Lormont : La Mer
étoit fort haute , & prête à retirer ſes eaux
de la Garonne, qu'un vent conſidérable
agitoit , au point que vers le milieu de
l'eau , les batteaux ne paroiſſoient guéres
plus gros qu'une carcaſſe de bœuf aux yeux
de ceux qui étoient au bord. Il fallut nous
embarquer & traverſer malgré les mou-
tons conſidérables & multipliés dont la
Rivierre étoit remplie.

Air : La mere à Cupidon.

En batteau nous entrons
Une douzaine entiere ,
Et zeſte ! nous voguons ,
Malgré la mer altiere ;
Eh ! riez, riez donc ,
Aimable paſſagere ,

Eh ! riez , riez donc ;
Bravons le mouton.

Les boufis aquilons ,
Soufloient fur l'onde amere ,
Et faifoient des valons
Qui ne nous plaifoient guére :
Eh ! riez , &c.

Le batteau peu profond ,
Au tiers de la Rivierre ,
Sembloit vouloir au fond
Aller prendre une pierre :
Eh ! riez , &c.

Alors mes compagnons
Dans une crife fiere ,
Abaiffoient leurs chignons
Près de leur jarretiere :
En riez , &c.

Quoi ! leur difois-je ; bon :
Etes-vous en priere ?
A l'inftant le Patron
Leur dit à fa maniere :
Eh ! riez, &c.
Corbleu voulez-vous braire
Eh ! riez , &c.

Enfin nous arrivons
Au bout de la carriere ;
A terre nous mettons
Chaque Dame légere
Et ! riez , riez donc
Aimable paffagere,
Et ! riez , riez donc,
Adieu le mouton.

Nous arrivâmes à Bordeaux le six Novembre, le sept il y fit très-froid, mais
quoique la Peste n'y fût pas comme en
1631, je ne m'en trouvai pas beaucoup
mieux : le même jour à dix heures :

Il n'étoit point en moi de veine
Que le sang par trop ne remplît :
A peine je suis dans mon lit,
Ma poitrine est une fontaine
Dont le sang abonde & jaillit,
Cinq fois la lancette tranchante
Me préta son divin secours
Pendant que l'Horloge en leur cours,
Des heures arrêta soixante.
Oh ! qu'alors impatíamment
D'elles j'attendois l'arrivée ;
Ma tête de force privée
Et pleine du mot Testament ;
N'étoit plus elle en ce moment ;
Mon foible esprit voyoit deux mondes ;
L'un de morts, l'autre de vivans.
Celui-là rempli de sçavans
Dont les belles ames fecondes
Faisoient encor son agrément ;
L'autre pensant mesquinement.
Et rien ne flattoit plus mon ame ;
Et pour le premier tout de flâme,
Elle y fût allée à l'instant
Avec plaisir je vous assure.
Il faut vous avouer pourtant,
Puisque ma guérison est sûre,
Que j'aime mieux, eussé-je tort ;
Faire ces vers que d'être mort,
Et de voir écrit sur ma biere
En italique caractere.

Air : De la Confeſſion.

Cy repoſe qui
Fut bon ami .
Toujours ſincere ,
Et fort s'amuſa ,
Lorſqu'en Périgord il paſſa ;
Il fût gai fu: de bon caractére ,
Sa muſe legére ,
Juſque dans ſon lit
Nous réjouit ,
Et ſu: nous plaire ;
Rimant il mourut
Son Ame en riant diſparut.

D A T T E.

De Bordeaux , lieu fort déplaiſant,
Lorſque , careſſé par la Parque ,
On apperçoit de près la barque
Ou Caron chacun va paſſant.
Paſſe qui voudra dans icelle ;
Grace à Baniol & Dubruel , *
Je ſuis loin de cette naſſelle ;
Et gueri de mon mal cruel ,
Sous mon cu bientôt une ſelle
Qu'un petit cheval portera ,
J'irai vous dire me voilà.

* Medecin & Chirurgien.

C iij

VOYAGE
EN
LORRAINE.

L'Hiſtoire que vous attendez , n'en ſera pas une de plaiſirs ; lorſque vous ſçaurez que nous avions oublié le couſſin, vous penſerez que nous dûmes trouver fort durs les cahos de notre chaiſe qui étoit d'ailleurs très-mal ſuſpendue , M·ˢ.... couroient devant & paſſoient pour nos valets de chambre, ce qui nous amuſoit & nous dédommageoit un peu du tour qu'ils nous avoient joué en préférant de monter à cheval.

La ville de Meaux fut la ville
Où nous fûmes en premier lieu :
Jadis un Architecte habile,
Pour un des Vicaires de Dieu ,
Y fit conſtruire une montée
Où l'on ne trouve nuls dégrés.
On y voit ânes tonſurés ,
Monter jambes toutes bottées :
Nonnes , vous y montez auſſi ,
Quand vous êtes bien ajuſtées ;
Mais je ne dirai que ceci ,
Je vous ai toujours reſpectées.

Nous foupâmes à l'Ours, & après le
fouper, encore que j'euffe la fivére, je pré-
férai le cheval ; nous paffâmes à minuit
dans le bois de Meaux, & au point du
jour nous arrivâmes dans cette Ville :

> Où jadis, la Fontaine prit
> Tout le naïf de fon efprit ;
> Vertu que la Province donne
> A tous Champenois qui s'adonne
> Aux talens qu'Apollon cherit :
> Femelles de bon apetit ,
> Et même femelles jolies ,
> Y font affables & polies ;
> Pourtant, n'en foyez point furpris ;
> Nous n'y fimes nulles folies ;
> Nous eûmes peur encore des dangers de
> Paris.

Là, nos deux compagnons reprirent
les chevaux, & nous rentrâmes dans la
chaife ; nous fimes ainfi dix lieues. A Eper-
nai, nous donnâmes nos places aux deux
coureurs que nous imitâmes. On me donna à Jalon, une roffe infâme, qui ache-
va de me tuer ; j'avois effayé en vain de
l'affommer à coups de couteau de chaffe, il
fallut prendre patience & aller tout dou-
cement jufqu'a Châlons :

> Où, fi j'en ai bonne mémoire ,
> Sont dans l'art chéri de Gregoire ,
> Je veux dire dans l'art de boire ,
> Treize douzaines de fçavans ;
> Où, fe trouvent treize Couvens ,

Treize Paroiſſes , treize Juges ;
Treize Juſtices , treize Ponts ;
Treize Hôtels , des rats vrais refuges ;
Treize Greffiers . treize Fripons ;
Treize Tabellions & treize femmes ſages ;
Treize filles au moins ayant leurs pucela-
    ges ;
Et de ce nombre je réponds ,
Pourvû qu'au Jart , promenade ſuperbe ,
Nul garçon n'ait été ſur l'herbe
Ternit l'éclat de leurs gupons.

On vouloit me faire un procès à la poſte , mais cela fut terminé par le preſent
qu'on me fit d'un cheval auſſi mauvais que
celui que je venois de quitter. Je repris la
chaiſe à la chauſſée : nous laiſſâmes un de
nos compagnons , roué , à Vitri ; & nous
verſâmes après la premiere poſte , ce qui
nous donna ſeulement le déſagrément de
patrouiller en pantoubles dans la boue.
Enfin nous arrivâmes à ſaint Didier pour
ſouper , mais nous n'y pûmes dormir : le
lendemain , après le diner , nous nous ren-
dîmes à Bar , où je paſſai trois jours fort
agréablement.

Etes-vous de plaiſir avare ,
Ennemi juré du ſouci ?
Allez chez l'aimable N. . . . . ;
Courez la poſte , volez-y.

J'y dormis neuf heures de ſuite la premiere nuit , & je m'éveillai n'ayant plus ni

hume ni fievre ; je partis seul pour Ligni ,
& de-là , j'allai à Vancouleurs , Ville pe-
ite , mais fameuse par la Pucelle d'Orleans.

> Là , je trouvai des hôtes adorables ,
> Des hôtes pleins d'aménité :
> Hélas ! que j'eusse souhaité
> De passer avec eux des jours plus agréa-
> bles.

La mort d'un frere que j'avois dans
cette Ville les empoisonna ; & je n'eus rien
de plus pressé que de terminer ses affaires
& de partir ; je passai à Commerci , où
n'étoit point.

> Ce Roi plein de goût & d'esprit ,
> Et digne de régner sur des hommes
> Tels que Corneille les peignit ,
> Ou plus sages que nous ne sommes.

Je continuai ma route le long des rivages de la Meuse , & je fus coucher au delà
de Saint Miel. Le jour suivant mon cheval
m'appliqua un coup de pied & me renversa
dans le grand chemin ; je souffrois horri-
blement : je crus que je touchois à mon
d rnier moment , & je m'occupai à exami-
ner jusqu'à quel point il faut souffrir pour
expirer. Ma tête se remit ; je me relevai ,
on me ratrapa mon cheval ; & lorsque je
fus dessus , je fis ce couplet.

(58)

Air : *Du haut en bas.*

D'un coup de pied
De mon cheval à l'ame noire ;
D'un coup de pied ,
Je fuis fait à faire pitié ;
Très-douloureufe eft ma machoire ;
Ma poitrine eft en purgatoire ,
D'un coup de pied.

Lorfqu'à Verdun je vis mon vifage,
je vous jure que je n'eus pas envie de faire un fecond couplet ; je me fis faigner
à Clermont où le Chirurgien me dit fort
férieufement, que c'etoit un heureux coup
que celui-là ; quelques jours après je me
rendis à Sainte Menehould , où arriva une
avanture que je vais intituler

L'INCENDIE.

C'eft feulement d'une toifon ,
Et non pas de quelque maifon,
Que je vais conter la brulure.
Déja , dans l'arriére faifon ,
Où fe fait fentir la froidure,
Cinq ou fix filles travailloient
De grand matin & façonnoient
Le Chanvre fecond en ordure ;
A terre l'une ramaffa
De ces ordures à poignée,
Les étendit , entrelaffa ,
Puis fur fes Jambes les plaça ;
Et de ces Etoupes guêtrée ,

Le froid à l'aife, elle brava :
Une autre mouche, fans malice,
La Lampe qui n'éclairoit plus ;
Le feu tombe, on faute deffus ;
Mais trop tard, il court & fe gliffe :
On tremble, on crie, on eft confus ;
La guêtrée au moins dût bien l'être
Lorfque Vulcain, cruel & traître,
S'éleve plus haut que la guêtre
Et ravage ce verger-là
Qu'on fait que la, chaque fille a :
Verger bien tenu chez les belles,
Charme de la fociété,
Et qui chez les fempiternelles
Et les devotes eft crotté.
Le tendre Amour, comme on l'affure,
Se fent de ce défordre affreux ;
Deux aîles faifoient fa parure ;
Une feule à ce malheureux,
Refte malgré le Dieu boiteux
Auteur de cette horrible injure ;
Enfin le cas eft très-pieux,
S'il faut en croire une affiftante
Qui la vu de fes propres yeux ;
Mais revenons a la fouffrante :
Cette ouvriere au defefpoir,
Pleure, gémit & fe lamente ;
On la fomme de faire voir
Sa playe encor toute fumante,
Elle refufe & fe tourmente,
Et pourtant confent à la fin :
Une vieille, pour chaffer l'ombre,
Qui regne dans cet endroit fombre,
Vient, une chandelle à la main,
Et veut faire l'officieufe ;
Mais derriere elle une rieufe
Dans le même inftant la pouffa ;

La vieille dont le pied gliſſa,
En tombant devint furieuſe,
Et la chandelle ſe plaça,
Devinez où ? ma foi je n'oſe
Vous dire en bons termes la choſe
Mais chacun alors penſa voir
Dans cette choſe un éteignoir,
Et ne put, dans la conjonĉture
Ne pas rire de l'aventure.
La brûlée envain menaça,
Cria, pleura, ſe courouça ;
Il fallut pour faire la cure,
Attendre que la nuit obſcure
Eût fait place au brillant Phœbus ;
Alors un Eſculape habile,
Bien loin, dit-on, d'être inutile,
Coula certain beaume deſſus,
Qui bientôt guerit la brûlure,
Et fit par ſes ſoins aſſidus,
Des amours ceſſer le murmure.

F I N.

ERRATA.

PAge 3 avant-dernier vers, au lieu de guerre, *lisez* guére.

Même page étuits, *lisez* étuis.

Page 13 vers 2eme, l'oreille, *lisez* l'œil.

Page 15 premier vers du quatrain, *lisez* étui,

Page 25 vers 19eme, Loyaula., *lisez* Loyola.

Page 29 vauclaire, *lisez* vauclair.

Page 30 vers 19 moutra, *lisez* montra.

Page 32. derniere ligne de la profe, comme, *lisez* comment.

Page 33 vers 33, *lisez* éthérées.

Page 41 premier vers, *lisez* poulmon.

Page 42 vers 3eme méberger, *lisez* m'héberger.

Page 44 premier vers, *lisez* vogue.

Même page vers 8 fuport, *lisez* fuppôt.

Page 45 vers 3eme *lisez* quoi ! dit un de la bande gaye.

Page 49 Dianne, *lisez* Diane.

Page 52 ligne 2 mais, *lisez* &

Page 54 vers 8eme, *lisez* monter jambe toute bottée.

Page 55, vers 11 encore, *lisez* encor.

Page 56, vers 10eme, *lisez* ternir.

Même vers, *lisez* jupons.

Même page dans la profe, *lisez* faint Dizier.

Page 57 vers 6eme *lisez* digne, &c. le premier mot étant fuperflus.

On prie les Lecteurs de fuppléer aux autres fautes d'impreffions, s'il s'en trouve.

www.ingramcontent.com/pod-product-compliance
Ingram Content Group UK Ltd.
Pitfield, Milton Keynes, MK11 3LW, UK
UKHW021500090726
13657UKWH00003B/1437